LE CONGRÈS
DES MINISTRES

ou

LA REVUE

DE LA

GARDE NATIONALE.

Scènes historiques

PAR MÉRY ET BARTHÉLEMY.

4ᵉ Édition.

※

PRIX : 1 FR. 50 CENT.

※

PARIS

AMBROISE DUPONT ET Cⁱᵉ, LIBRAIRES,

RUE VIVIENNE, N. 16.

1827

Imprimerie de P. Tastu.

LE CONGRÈS
DES MINISTRES

ou

LA REVUE

DE

LA GARDE NATIONALE.

✳

IMPRIMERIE DE J. TASTU,

RUE DE VAUGIRARD, N. 36.

✳

LE CONGRÈS
DES MINISTRES

ou

LA REVUE

DE LA

GARDE NATIONALE.

Scènes historiques

PAR MÉRY ET BARTHÉLEMY.

4ᵉ Édition.

———◦∞◦———

PARIS

AMBROISE DUPONT ET Cⁱᵉ, LIBRAIRES,

RUE VIVIENNE, N. 16.

✳

1827

On nous accusera peut-être de précipiter nos publications et de payer trop souvent notre dette à la circonstance ; nous répondrons, pour nous justifier, que si la cour a ses poëtes pour chanter la circonstance, il doit être permis au Peuple d'avoir les siens ; c'est parmi ces derniers que nous nous glorifions de nous ranger. Aujourd'hui, les événemens se succèdent avec tant de rapidité, qu'on est obligé, en poésie, d'improviser l'histoire politique du moment. Espérons que quelque Dieu, inconnu jusqu'ici, rendra bientôt le calme au Peuple, et fera de doux loisirs aux poëtes.

PERSONNAGES.

MM. DE VILLÈLE.
    DE PEYRONNET.
    DE CORBIÈRE.
    DE FRAYSSINOUS.
    DE MARTIGNAC.
    DE RAINNEVILLE.
    CHŒUR DE LÉVITES MINISTÉRIELS.

PERSONNAGES MUETS.

DE CLERMONT-TONNERRE.
DE DAMAS.
DE CHABROL.
DOUDEAUVILLE.

La scène se passe le 29 avril à l'hôtel de M. de Villèle ; l'action commence vers midi et demi.

LE CONGRÈS

DES MINISTRES,

ou

LA REVUE

DE

LA GARDE NATIONALE.

SCÈNE I.

VILLÈLE (*seul.*)

La voilà donc enfin cette triste journée
Qui doit de mon pouvoir fixer la destinée !
Le moment est critique, il faut en convenir ;
C'est en vain qu'effrayé d'un chanceux avenir,

J'ai tenté de biffer la funeste minute

De cet Ordre du jour présage de ma chute,

Ou du moins d'obtenir que, devant le castel,

La revue à huis-clos n'eût lieu qu'au Carrousel.

Rien n'a pu conjurer la tempête qui gronde;

Le vaste Champ-de-Mars sert de camp à la Fronde;

Et peut-être aujourd'hui, le peuple souverain,

En bénissant le Roi maudira Mazarin.

Je suis seul dans l'hôtel......Dans mon inquiétude

Je crains la vérité moins que l'incertitude;

J'attends qu'en toute hâte un de mes six commis

Arrive sain et sauf du camp des ennemis;

Mais je connais déjà, sans être un grand prophète,

Le triste bulletin qu'apporte l'estafette.

C'est peu que la trompette ou le rauque tambour

Ait dans tous les quartiers, dès la pointe du jour,

Appelé dans ses rangs la garde citoyenne;

Je crains également la foule plébéienne,

Ces fougueux artisans qu'on a vu quelquefois
Par le droit de la force improviser des lois;
Il me semble d'ici les voir et les entendre :
Leur tourbe à nous juger ose aujourd'hui prétendre,
Chaque Représentant s'est lui-même nommé,
Et dans le Champ-de-Mars, en Chambre transformé,
Cent mille députés, installés en séance,
Par acclamation votent ma déchéance.
Maudit soit le premier qui, cherchant les périls,
A d'innocens bourgeois confia des fusils!
C'est dans de pareils jours qu'ils font leurs saturnales:
La garde de Paris a d'horribles annales;
Eh! qui sait!.... si le lieu qui la voit réunir
Allait lui rappeler quelque vieux souvenir!......
Fille de La Fayette, on connaît son histoire;
Au nom du Champ-de-Mars, théâtre de sa gloire,
D'un fol enthousiasme elle peut s'enflammer!
Je lui pardonnerais encor de déclamer;

Mais de plus grands malheurs peuvent troubler la fête,

Il ne faut pour cela qu'une mauvaise tête;

Et les fils de ces preux dont le brutal effort

Aux portes de Paris conquit un château-fort[1],

Peuvent, pour se montrer dignes de la famille,

Du palais Rivoli faire une autre Bastille!

Mais calmons ces terreurs : puisque chacun le croit,

Conservons en public un stoïque sang-froid;

Justement c'est le cas d'avoir du caractère;

Je vois au grand complet venir mon ministère.

SCÈNE II.

MM. DE VILLÈLE, DE FRAYSSINOUS, DE PEY-
RONNET, DE CORBIÈRE ; DE CHABROL, DE
CLERMONT-TONNERRE, DE DAMAS, DOU-
DEAUVILLE.

Les quatre premiers prennent place autour de la table du Conseil, les quatre
autres restent debout, dans le fond.

VILLÈLE.

Comment nous portons-nous ?

CORBIÈRE.

Nous l'ignorons encor.

VILLÈLE.

Vous voilà retranchés dans l'antre du Trésor ;

Vous ne craignez plus rien ; votre troupe fidèle

Sera la garnison de cette citadelle ;

La place peut tenir contre plus d'un assaut ;

Villèle en pareil cas n'est jamais en défaut ;

Et d'ailleurs on ne peut nous prendre par famine,
Vous savez mieux que moi l'état de ma cuisine.
A parler franchement notre horizon est noir,
Mais il nous reste encor mon génie et l'espoir.
Quel temps fait-il ?

PEYRONNET.

Hélas ! le plus beau temps du monde !
Jamais, quand il le faut, le ciel ne nous seconde.

VILLÈLE.

Depuis quatre-vingt-neuf, vous le savez, le ciel
Jamais au Champ-de-Mars n'est ministériel ;
N'importe ; nous touchons au terme de la lutte,
J'attends mes bulletins de minute en minute.

(*Une heure sonne ; on entend un coup de canon ; le
ministre de la guerre s'évanouit.*)

FRAYSSINOUS.

Entendez le canon..... collègues, à genoux !

VILLÈLE (*à Frayssinous*).

Eh bien ! qu'a de commun le canon avec nous [3] ?

(*à Clermont-Tonnerre.*)

Tonnerre, mon ami, ne craignez pas ce foudre ;
Reprenez vos esprits, il n'est chargé qu'à poudre.

PEYRONNET.

Voici l'instant fatal, le Roi sort du château.

VILLÈLE.

Il faut que l'un de nous se rende incognito
Jusquesau Champ-de-Mars: dans cette plaine immense
Qu'il erre, en épiant le bruit ou le silence;
Qu'il observe avec soin le peuple de Paris,
S'il mêle notre nom à de coupables cris;
Des treize légions, dans la plaine entassées,
Qu'il écoute les voix et même les pensées;
Qu'il soit le délégué du Conseil.... Frayssinous,
Cet honneur vous regarde, et j'ai fait choix de vous.

FRAYSSINOUS.

De cet excès d'honneur gratifiez un autre,
J'aurai toujours le temps de mourir en apôtre ;
Y pensez-vous, Villèle? et ne savez-vous pas
Que dans les jours fixés pour les publics ébats,
Les prêtres du Seigneur, prisonniers volontaires,
Se mettent aux arrêts comme des militaires [4] ?
Irai-je au Champ-de-Mars flaner en manteau court ?
Les prêtres ne vont pas où ce vain peuple court ;
Ménagez mon habit; pour faire cette ronde
Choisissez Peyronnet, à l'humeur vagabonde.

VILLÈLE.

Eh ! Monsieur Frayssinous, un peu de charité !
Respectez ce héros dans son adversité ;
Non, il ne peut aller inspecter la parade,
Car d'une loi rentrée il est encor malade ;
Corbière voudra bien nous épargner ce soin.

CORBIÈRE.

Si cela se pouvait, je serais déjà loin ;

Mais je ne vois pas trop qu'il soit fort nécessaire

Qu'on me prenne aujourd'hui pour le bouc émissaire.

Vous croyez bonnement, Monsieur le Grand-Visir,

Qu'on puisse incognito se montrer à loisir ?

Non, non, dans tout Paris notre face est connue,

Martinet nous expose à tous les coins de rue [5].

VILLÈLE.

C'est bien : je suis charmé de votre dévoûment ;

Égayons-nous ici jusques au dénoûment,

Et des Pères-Conscrits intrépides émules,

Attendons les Gaulois sur nos chaises curules.

Mais voici du renfort ; on paraît fort pressé...

C'est un ami, l'huissier ne l'a pas annoncé.

SCÈNE III.

LES PRÉCÉDENS, MARTIGNAC.

VILLÈLE.

C'est Martignac!!!

TOUS.

C'est lui !

MARTIGNAC.

C'est le ciel qui m'envoie.

CORBIÈRE.

Êtes-vous messager de douleur ou de joie?

MARTIGNAC (*prenant un ton emphatique*).

Déjà l'astre du jour, transfuge des brouillards,
Qu'à son doux successeur lègue le mois de mars,
Luisait, brillant témoin d'une brillante fête...

VILLÈLE.

On voit toujours percer l'oreille du poëte [6].

Vous mettez, Martignac, votre esprit trop en frais ;

En style de rapport traduisez ce français ;

Serez-vous donc toujours rédacteur en campagne ?

J'ai cru lire un instant vos bulletins d'Espagne.

Soyez bref ; et songez que nous avons des cœurs

D'un prosaïsme sec et sourd à vos douceurs.

MARTIGNAC (*piqué*).

Eh bien ! je serai bref ; votre remarque est sage,

Car, à chaque moment, je tremble qu'un message,

D'un prosaïsme sec comme le *Moniteur*,

Ne casse le ministre et votre serviteur.

O mes quatre patrons, quelles clameurs sinistres !

VILLÈLE.

On oserait casser un brelan de ministres !

Parlez, expliquez-vous...

PEYRONNET.

Point de mots superflus.

MARTIGNAC (*avec précipitation*).

Cinq cent mille bourgeois garnissent les talus.

Jamais, aux jours maudits, cette plaine infernale

Sous le drapeau de sang ne vit plus de scandale.

Qui retiendrait le peuple en ses bruyans ébats ?

La longue légion des citoyens soldats,

En saluant le Roi, répète : *A bas Villèle !*

Et l'obscur tiers-état fait chorus avec elle.

VILLÈLE.

Peuple ingrat de Paris ! toi que j'ai tant aimé !

Je te lègue ma haine... et tout est consommé.

(Villèle fait un signe ; la porte s'ouvre, et l'huissier introduit dans le salon douze jeunes ministériels conduits par Rainneville ; ils se rangent debout dans le fond, comme les comparses du Théâtre-Italien. On entend un accord de psaltérions.)

SCÈNE IV.

LES PRÉCÉDENS, RAINNEVILLE, *chœur de jeunes ministériels.*

Récitatif.

VILLÈLE.

Amis, qu'aux jours heureux j'ai couverts de mon aile,

Vers Toulouse avec moi reprenez votre essor !

Adieu, temple du fisc, Potose de Villèle

Où sur de verts tapis ma main tourmentait l'or !

Adieu, brillant salon, immense galerie,

A peine nés d'hier sous ma puissante main !

Le palais d'un ministre est une hôtellerie

Où l'on dort aujourd'hui pour répartir demain.

Air.

Heureux le temps où la douce cabane [7]

Me tenait lieu du palais Rivoli,

2*

Où chaque soir, sur la tiède savane,

Je m'endormais au chant du bengali [8] !

Que mon vaisseau promptement m'y ramène !

Je veux mourir de la mort des héros.

L'île Bourbon sera ma Sainte-Hélène :

Ingrat pays, tu n'auras pas més os !

Choeur Général.

Heureux le temps où la douce cabane

Lui tenait lieu du palais Rivoli,

Où chaque soir, sur la tiède savane,

Il s'endormait au chant du bengali !

Que son vaisseau promptement l'y ramène !

Il veut mourir de la mort des héros.

L'île Bourbon sera sa Sainte-Hélène :

Ingrat pays, tu n'auras pas ses os !

PEYRONNET (*seul*).

J'entends le haro de la France :
Mais après un mûr examen,
Il me reste ma conscience,
Et l'estime de Bénaben !

Chœur Général.

Il lui reste sa conscience,
Et l'estime de Bénaben !

PEYRONNET.

Je vais, victime de mon zèle,
M'envelopper de ma vertu.

VILLÈLE (*à part*).

Voilà, voilà ce qui s'appelle
Être légèrement vêtu.

Chœur Général (à demi-voix).

Voilà, voilà ce qui s'appelle
Être légèrement vêtu.

VILLÈLE.

Silence ! plus de chants, taisez-vous, Rainneville !
Quels bruits séditieux s'élèvent dans la ville ?
Entendez ces clameurs : de longs rugissemens
Ébranlent mon palais jusqu'en ses fondemens...
Eh quoi ! ces factieux, sans respect pour leurs maîtres,
Viennent les insulter jusque sous leurs fenêtres [9] !

PEYRONNET (*prêtant l'oreille aux cris du dehors*).

J'entends crier : *A bas !*

VILLÈLE (*d'un ton inspiré*).

Nous voilà relevés.

CORBIÈRE.

Nous sommes tous perdus !

VILLÈLE.

Nous sommes tous sauvés !

Corbière, écoutez-moi, soyez mon secrétaire,

Je veux par votre main sauver le ministère ;

Je veux que de mes plans l'habile exécuteur

Éternise son nom inscrit au *Moniteur*.

Il ne faut plus ici dans la troupe immortelle

Foudroyer Villemain, Michaud et Lacretelle ;

Je vous ai réservé pour un coup plus hardi :

Destituez la garde ; et que demain lundi,

Sous votre contre-seing l'Ordonnance fatale

Au lever du soleil trouble la capitale.

Rédigeons un rapport sur ce funeste jour ;

D'un péril chimérique épouvantons la cour.

Ne perdons point de temps ; il faut que l'Ordonnance

S'exécute aujourd'hui pour mieux laver l'offense ;

Et que demain matin, honteux de ses exploits,

Chacun de ces soldats se réveille bourgeois.

(*D'un ton ému.*)

Bien, Corbière ; je vois que ta plume exercée

Plus prompte que ta voix répond à ma pensée.

Puisqu'il est terminé donne-moi ce rapport.

CORBIÈRE (*en remettant le rapport à Villèle*).

Le voilà ; mais j'en crois le style un peu trop fort.

VILLÈLE (*après avoir lu*)..

Non ; j'écrase par-là cette tourbe hardie,

Janissaires bourgeois, soldats en parodie :

Le maître ne doit pas plier devant le serf ;

Comme Mahmoud second je vais montrer du nerf.

Il fallait pour ce crime un mémorable exemple :

Leurs habits, appendus aux vieux piliers du Temple [1°],

Témoigneront assez aux mutins à venir

Que l'éternel Villèle eut un bras pour punir.

Et si, pour conserver un fantôme de gloire,

Ils transforment la Seine en rives de la Loire,

Qu'importe? Sur ses bords qu'ils plantent leurs drapeaux,

Je saurai les dompter du fond de mes bureaux ;

A vaincre sans péril ma main accoutumée,

Ainsi que les rentiers combattra cette armée,

Et s'il le faut enfin, au lieu de Macdonald ",

Pour les licencier j'expédirai Bonald.

(Tous les ministres sortent rayonnans de joie, excepté MM. de Chabrol
et Doudeauville.) ,

NOTES.

NOTES.

❀

SCÈNE I.

¹ J'attends qu'en toute hâte un de mes six commis.

Les six ministres, collègues de M. de Villèle.

² Aux portes de Paris conquit un château-fort.

Il est presque inutile de rappeler au lecteur que M. de
Villèle fait allusion à la prise de la Bastille qui eut lieu
le 14 juillet 1789.

SCÈNE II.

³ Eh bien ! qu'a de commun le canon avec nous ?

M. de Villèle n'a pas trouvé ce bon mot dans son imagination ; il l'a emprunté à Charles XII ; notre ministre des finances ne vit que d'emprunts.

⁴ Se mettent aux arrêts comme des militaires ?

La garnison de Paris a été casernée, par ordre, toute la journée du 29 avril.

Un journal a remarqué que les prêtres s'étaient éclipsés dans la fameuse soirée des illuminations. Cette éclipse totale était encore visible à Paris, le 29.

⁵ Martinet nous expose à tous les coins de rue.

Les étrangers apprendront avec plaisir que Martinet est un marchand étalagiste de caricatures qu'il publie par livraisons ; quatre portraits de ministres composent la dernière.

SCÈNE III.

⁶ On voit toujours percer l'oreille du poëte.

M. de Martignac a été poëte à Bordeaux, où il a fait siffler quelques vaudevilles de sa composition. Ses talens et son dévouement lui valurent, dans la sanglante guerre de 1823, le titre de commissaire civil, ce qui ne le compromettait nullement. C'était lui qui rédigeait les bulletins en style d'épopée.

SCÈNE IV.

⁷ Heureux le temps où la douce cabane.

M. de Villèle, dans les momens de crise, retourne toujours, en imagination, vers ces heureuses colonies où le rotin noueux est la Charte du pays.

8 Je m'endormais au chant du bengali !

Espèce de moineau des Indes, dont le chant est fort
doux.

9 Viennent les insulter jusque sous leurs fenêtres !

Cette vive exclamation était sans doute arrachée à M. de
Villèle, dans le moment où plusieurs légions qui retour-
naient du Champ-de-Mars, longèrent son palais en'ébran-
lant ses arcades des cris *à bas Villèle !*

10 Leurs habits, appendus aux vieux piliers du Temple.

Les piliers du Temple sont les gémonies des habits
parisiens; il faut espérer qu'on y verra bientôt les simarres
et les fracs ministériels.

11 Et s'il le faut enfin, au lieu de Macdonald.

Le maréchal Macdonald fut chargé du licenciement de
l'armée de la Loire.

FIN.

UNE SOIRÉE CHEZ M. DE PEYRONNET, ou le Seize Avril, scènes dramatiques, quatrième édition. Prix : 1 fr. 50 cent.

4,000 exemplaires ont été vendus en cinq jours.

PEYRONNÉIDE, épître à M. de Peyronnet, neuvième édition, ornée d'une vignette. Prix : 1 fr. 50 c.

ROME A PARIS, poëme en quatre chants, brochure in-8, sur beau papier, neuvième édition. Prix : 2 fr. 50 c.

LA VILLÉLIADE, ou la Prise du Château Rivoli, poëme héroï-comique en six chants, quinzième édition, ornée de treize vignettes dessinées par Devéria et gravées par Thompson; in-8, papier vélin satiné. Prix : 5 fr.

Cette quinzième édition de la Villéliade a été augmentée d'un chant, *les Jeux funèbres*, qui forme le cinquième.

LES JÉSUITES, épître à M. le président Séguier, in-8. Prix : 2 fr.

LES GRECS, épître au Grand-Turc, in-8. Prix : 1 fr. 50 c.

LES SIDIENNES, épîtres-satires sur le dix-neuvième siècle. Prix : 2 fr. 50 c.

✳

CONSIDÉRATIONS SUR LA MISE EN ACCUSATION DES MINISTRES, par M. Cottu, conseiller à la Cour royale de Paris, avec cette épigraphe : « Jamais l'indignation publique n'a été portée plus » loin; elle dépasse toutes les bornes. » Br. in-8. Troisième édition. Prix : 2 fr. 50 c.

www.ingramcontent.com/pod-product-compliance
Lightning Source LLC
Chambersburg PA
CBHW060815280326
41934CB00010B/2705